© 2001 Christel Onyewenjo-Schröder

Zeichnungen: Christel Onyewenjo-Schröder

Cover- und Layoutgestaltung: Ja.Ro.-Music

65232 Taunusstein · Georg-Ohm-Str. 10

www.jaromusic.de · 06128 - 75519

Herstellung: Books on Demand GmbH

ISBN 3-8311-1934-1

Christel Onyewenjo-Schröder

Ich denk' an Dich

und andere Gedichte

Erlebtes und Beobachtetes in Versen

Meine Gedichte

haben eine Geschichte,
die ist meist wahr.

Nicht alle Gedichte
sind meine Geschichte,
das ist doch klar.

Hab in stillen Stunden
nur nachempfunden,
was andere gedacht.

Und nicht jeder Reim
ist gelungen und rein,
hab's mir einfach gemacht.

Auf Papier nur besteht
der Gedanke – sonst verweht er –
wie alles vergeht.

Inhalt

Wenn auf dem großen Haufen Mist

Wenn auf dem großen Haufen Mist
Du mit den andern Fliegen bist,
kannst Du es ja riskieren,
die Flügel zu probieren.

Bevor Du Deine Fahne hisst,
Dich sicher ein großer Vogel frisst.
Doch kommen nur zu Ehren,
solche die sich wehren.

Fragt sich, was Du davon hast.
Vielleicht ein Denkmal auf dem Platz!
Die Fliegen auf dem Miste
fallen ohne Denkmal in die Kiste.

Unmodernigkeiten

Anstand, Tugend, Sitte,
das kleine Wörtchen „bitte"
sind in unseren Zeiten
Unmodernigkeiten.

Auch musst Du mal vergleichen
die Armen und die Reichen,
die Kleinen und die Großen,
welche sich gesunder stoßen.

Benutz' die Ellenbogen,
sonst wirst Du nur betrogen
um Ehre und Entgelt.
Mit Anstand, Tugend, Sitte
und mit dem Wörtchen „bitte"
kommst Du nicht weit in dieser Welt.

Dass es nicht so bliebe,
man ´s nicht noch schlimmer triebe,
das wär' schon recht.
Doch ich hab all mein Hoffen
im Alkohol ersoffen,
die Welt ist schlecht.

Die Amsel auf dem Baume saß

Die Amsel auf dem Baume saß
und einen Wurm genüsslich fraß.

Kommt eine Krähe noch dazu
und lässt der Amsel keine Ruh'.

Sie möcht' das Futter ihr abjagen,
doch kann sie Würmer nicht vertragen.

Da ärgert sie sich und oh, Schreck! –
nimmt sie der Amsel die Eier weg.

Der Stärkere besiegt den Schwachen,
leider ist das nicht zum Lachen.

High-Speed fuji Teletex

High-Speed fuji Teletex
Cyberspace und Cybersex
T-mart-smart-shop Internet
star-dust connect multi-Jet
virtuale world Vip-company
dual fax homo optimi

Meine Güte, was ist das?
Verstehe gar nichts von den Dingen,
weiß nicht, was sie uns noch bringen.
Das macht wirklich keinen Spaß.

Du musst für die Zukunft lernen,
Kriege führen mit den Sternen,
fremde Völker, fremde Rassen
musst Du in Dein Reich einlassen.
Teilen musst Du Brot und Wein,
sonst wird kein Frieden auf Erden sein.

Alle Schafe machen „böh"

Alle Schafe machen „böh",
die alten und die jungen,
die kleinen Schäflein machen „böh",
wie es die Alten sungen.

Und der unachtsame Hund
wird am Ende
dem gefräßigen Wolf
und dem schlauen Fuchs
die Beute überlassen müssen.

Zwei Schnecken gehen spazieren

Zwei Schnecken gehen spazieren.
Da, lautes Prasseln
im Gebüsch!
Lauschend bleiben sie
auf dem Waldweg stehen.
Sagt die eine
hämisch zur anderen:
„Hörst Du, wie er wieder
davonläuft, der Hirsch,
der mit dem
größten Geweih?
Wie unwürdig
für den stärksten
von allen Tieren im Walde,
er könnte es doch
mit jedem von uns
aufnehmen!
Alle beginnen zu zittern,
wenn er mit seinem
großen Geweih
gegen die Bäume schlägt,
und sein Brunftschrei
geht jedem
durch Mark und Bein.

Aber vor dem
harmlosen Spaziergänger
läuft er davon,
der Feigling.
So lästern sie
auf dem Waldweg
noch lange
über den König des Waldes.

Der Spaziergänger
aber hat
die beiden Schnecken
nicht gesehen.

Arbeiten ist keine Last –

solang Du daran Freude hast.
Macht sie Dich krank, wird sie zur Pein,
lass die Arbeit Arbeit sein.
Doch dann musst Du bedenken,
wohin die Schritte lenken.
Brauchst Du die Mäuse für das Leben,
geh nicht ins Wirtshaus einen heben.
Sollst die Arbeit nicht verfluchen,
nur 'ne andere Firma suchen.
Wenn Du etwas Besseres findest
und Deinen Frust schnell überwindest,
verdienst Du ja auch wieder Geld,
dann gefällt Dir diese Welt.
Musst nicht zum Sozialamt laufen,
kannst mit eigenem Gelde kaufen.
Ein Anderer hat vielleicht kein Glück,
wo die Bewerbung kam zurück.
Der Arme hat es darum schwer,
denn seine Taschen, die sind leer,
sein Konto ist es dann bald auch,
er fragt sich: was füllt mir den Bauch?
Er sucht nach Arbeit ohne Rast,
beneidet Dich, weil Du welche hast.

Frisches Gemüse ist gesund

Frisches Gemüse ist gesund,
die Vitamine sind der Grund.
Ich esse deshalb oft rote Rüben,
die meine Kinder nicht so lieben.
Zu Gurken und Tomaten
soll man immer raten
und wenn die Spargel sprießen
kann man sie genießen.
Salat von feinem Sellerie
vergisst die Mutter abends nie.
Möhren, diese langen Dinger,
sehen aus wie rote Zeigefinger.
Möhren sind auch gut für Kinder,
die kommen dann besser über den Winter.
Paprikaschoten sehen lustig aus,
rot, grün und gelb, was für ein Schmaus!
So viele Sorten von grünem Salat
esse ich gern, auch grünen Spinat,
enthalten Vitamine und auch Eisen,
die geben Kraft, das kann man beweisen.
Erbsen und Bohnen,
die gelben und braunen,
haben so ihre eigenen Launen,
sie liegen manchem schwer im Magen,

der kann sie dann auch nicht vertragen.
Kartoffeln sind nur außen braun,
sind nicht so lecker anzuschauen,
sie sind so knollig, klein und rund,
geschält, gegart sind sie gesund.
Kohl mag ich nicht, der bläht den Bauch
und rülpsen muss man danach auch.
Sauerkraut und Fenchelknollen
sind auch, was wir essen sollen.
Kohlrabi, Knoblauch, Blumenkohl
bekommt den meisten Leuten wohl.
So sollen wir bei jedem Essen
das Gemüse nicht vergessen!

Wenn Du Dir das Paradies wünschst,

wie es beschrieben ist, wirst nicht Du,
sondern es werden nur Adam und Eva
in aller Unschuld darin leben.

Wenn Du Dir ein neues Paradies wünschst,
wo es allen Gottesgeschöpfen gut geht,
musst Du auch das Zusammenleben
mit den Mitbewohnern in Kauf nehmen,
die selbstverständlich gleichberechtigt
mit Dir dort leben dürfen.

Du wirst also Dein Schoßhündchen und
Dein Kätzchen bei Dir behalten,
aber Du solltest auch die Kakerlaken
nicht aus Deinem Haus vertreiben
und Dich nicht wundern, wenn eine Kobra
in Deiner Küche ihre Eier ablegen möchte.
Vielleicht möchte sich eine Vogelspinne
in Deinem Kochtopf ausruhen oder
ein Skorpion in Deiner Hosentasche übernachten.

Der Hochzeitsflug trunkener Ameisen,
die zu Tausenden durch das offene Fenster
hereinfliegen, sollte Dich so wenig stören
wie die Selbstverständlichkeit, dass Du mit
einer Rattenfamilie Dein Brot teilst.

Das Paradies ist nicht nur für den Menschen da.
Deshalb strebst Du für Dich ja auch nur
paradiesische Zustände an.

Der Weltbügerpass

Wie fortschrittlich ist doch unser Land,
wo man den „Weltbürgerpass" erfand!
Ein Iraner in Deutschland hatt's bisher schwer,
ein Schwarzafrikaner vielleicht noch mehr,
wenn sie aus ihrer Heimat waren geflohen,
weil die staatlichen Stützen sie dort bedrohen.
Wenn sie dann in ein anderes Land gekommen,
hat man sie nicht gern aufgenommen.
Staatenlos, Flüchtling, Asylant,
so hat man diese Menschen genannt.
Sie hatten kein Recht und auch keine Pflicht,
aber so leben wollten die meisten nicht.
Auch in Deutschland konnten sie keinen Pass kriegen,
schließlich wollen manche Länder Deutschland besiegen,
wollen uns ihre Kultur aufdrücken,
wollen unsere Landschaft mit Moscheen schmücken,
wollen uns unseren Reichtum stehlen,
die Gefahr ist groß und nicht zu verhehlen.
Und kamen die Fremden aus feindlichen Ländern,
konnte man an ihrer Situation nichts ändern.
Doch Deutschland ist menschlich,
hier herrscht Demokratie,
und so frei wie heute waren die Deutschen noch nie.
Auch wir Deutschen brauchen Visa

wollen wir nach Russland oder nach China.
So baute man Brücken, nutzte diplomatische Stege
und erfand ganz neue ökonomische Wege,
Beziehungen besser auszubauen und
schaffte damit mehr gegenseitiges Vertrauen.
So wurde der Weltbürgerpass beschlossen
und alle Nationen haben sich angeschlossen.
Man will ihn den Deutschen im Ausland geben
und allen Menschen, die in Deutschland leben.
Jeder kann ihn jetzt bekommen,
niemand ist mehr ausgenommen,
egal, wo er herkommt, aus welchem Staat,
wenn er nur hier einen Wohnsitz hat.
Es bleiben zwar die Grenzkontrollen,
weil Übeltäter nicht einfliegen sollen,
Probleme wird es auch weiterhin geben,
doch der Weltbürgerpass erleichtert vielen das Leben.

Wie glücklich sind die meisten Leute

Wie glücklich sind die meisten Leute
in der Familie von heute!
Wie wundervoll sind die Klischees
von Liebe und von Zärtlichkeit,
wie weitverbreitet die Klischees
von Wärme und Geborgenheit.
Wie gut hört sich das alles an!
Drum, liebes Mädchen,
nimm Dir 'nen Mann!
Teilst die Arbeit, teilst die Sorgen,
wirst geliebt, fühlst Dich geborgen,
kriegst 'nen guten Ehemann,
darauf kommt's doch schließlich an!
Aber wie oft trügt der Schein,
es kann auch ganz anders sein!

Da steht er wieder an der Ecke
am Kiosk um 6.00 und säuft sich einen an!
Dann geht er pinkeln an der Hecke,
das ist ein Mann von nebenan.
Verknautschte Hosen, struppiges Haar,
so steht er jeden Morgen da.
Tiefliegende Augen, verquollenes Gesicht:

„Mensch, alter Junge, begreifst Du es nicht?"
Kinder verprügeln, die Alte verhauen,
es ist ihm egal, ob die Nachbarn zuschauen.
So ist der Mann von nebenan.
Was für ein guter Ehemann!

Der andere Nachbar, das weiß man genau,
trinkt nicht und haut auch nicht seine Frau.
Er sieht gut aus, zieht sich exklusiv an,
er ist ein rechter Ehrenmann.
Die Frau muss nicht arbeiten, hat es gut zu Haus,
der Mann geht nur abends öfter aus.
Er hat viel zu tun in seinem Betrieb
und die Sekretärin hat er auch sehr lieb.
Das ist doch nicht schlimm, das ist doch normal,
nur seiner Frau ist es nicht ganz egal.
Das soll vor allem niemand wissen,
drum weint sie heimlich in die Kissen.

Ob das Klischee von Zärtlichkeit,
von Verantwortung, Liebe, Geborgenheit
hier zutrifft, ist die große Frage,
so was passiert doch alle Tage.

Wir stellen uns dar in vielfältigen Rollen

Wir stellen uns dar in vielfältigen Rollen,
sind selten das, was wir erscheinen wollen.
In jeder Szene sollen wir posieren,
in jeder Rolle müssen wir funktionieren.
Wir tragen Masken auf der Straße,
in der U-Bahn, im Betrieb,
sind meistens höflich, wohlerzogen,
halten 's wie es grad beliebt.
Hinter Brillen, Bärten, Schminke
verbirgt man leicht das wahre Gesicht,
verborgen hinter einem Lächeln
liest man die Gedanken nicht.
Nur selten, dass sich jemand öffnet
oder enthemmt die Kontrolle verliert,
da schaut man in abgründige Tiefen,
für die sich mancher dann geniert.
Du glaubst, Du kennst Deine Freunde,
vertrautest dem Mann nebenan,
enttäuscht wird oft Dein Vertrauen,
doch fang bei Dir selber mal an!
Gewöhnt an so viele Rollen,
erkennst Du Dich selber nicht
und mancher sucht sehr lange
nach seinem eigenen „Ich".

Frauen im Büro

Fleiß steht im Raum, wenn der Chef eintritt,
über Akten gebeugte Köpfe,
Maschinengeklapper,
private Gespräche sind rasch verstummt.
Eingearbeitet sind sie, versiert auf allen Gebieten,
sie sind schon lange da und wissen,
was sich gehört.
Respektvoll beantworten sie die Fragen des Chefs.
„Sehr gern!" bereiten sie ihm den Morgenkaffee.
Jung ist er, der neue Chef, und er sieht gut aus.
Nur Positives konnte man über ihn erfahren.
Verheiratet mit Kind, und er trägt einen Ehering,
da macht man sich keine Hoffnungen.
Gefallen möchte man schon und gibt sich Mühe.
Er verläßt kurz das Büro, muß mal zur Bank,
da ist man wieder unter sich, Gott sei Dank!
Aber da ist die Neue –
wie ein Stachel im Fleisch –
„das blonde Gift", erst eingestellt worden.
Absatzschuhe trägt sie und enge Röcke,
sie käme gerade von der Uni, sagt man,
und sie wohne in einer WG. Sie redet nicht viel.
Man weiß überhaupt nichts Genaues über sie.
Aber der Chef hat sie neulich gelobt, sagt man.

Er sei mit ihrer Arbeit sehr zufrieden,
soll jemand persönlich gehört haben.
„So, ja wenn die so anfängt ...“
„Die soll sich mal nichts einbilden!“
„Von mir kriegt die keine Auskünfte mehr.“
„Ich grüße sie auch schon lange nicht mehr.“
„Und wie die sich auftakelt jeden Tag !“
„Was, die soll bald befördert werden?“
„Ja, sag mal, wieso ist die denn heute krank?“
„Ist der Chef nicht grad zur Bank ...?
Also da stimmt doch was nicht“...und so weiter.

Urlaubsstress

Tagsüber schmoren in Sonne und Sand,
abends big party bei Ballermann am Strand.
Da wird dann die ganze Nacht
bis in den Morgen Rabatz gemacht.
Ziemlich voll von spanischem Wein,
gröhlt man das Lied vom Vater Rhein.
Weiber, ohne Geschmack und Schick,
Weiber, ordinär und dick,
reißen sich um jeden Mann,
wenn er nur kräftig zahlen kann.
Hübsche Mädchen, second hand,
stehen bereit zum „one night stand".
Lautes Kreischen über Witze,
Männer torkeln schwitzend Hitze,
randalieren in den Gassen,
wollen nichts, nur nichts verpassen.
Großmäuler, vom Biere voll,
finden Sauerkraut und Weißwurst toll,
fressen und saufen in sich hinein,
deutsch muss die spanische Küche sein!
Kultur muss man sich nicht ansehen,
die fremde Sprache nicht verstehen,
dann meckert man laut über die Preise,
buchte man nicht eine Billig-Reise?

Den Abfall wirft man irgendwo weg,
die Eingeborenen sammeln ja später den Dreck,
und man braucht sich auch nicht zu genieren,
die Abfallberge zu reklamieren.
Die Leute von hier sollen zufrieden sein,
man bringt schließlich Kultur
und Geld ins Land hinein.
Kommt man nach Deutschland dann zurück,
schön braun gebrannt, so ist es schick,
muss man sich erstmal vom Urlaub erholen,
man meldet sich krank – ein wenig verstohlen.
Ein preiswerter Urlaub – so kann man protzen,
und niemand findet das zum ......!

Das verflixte siebente Jahr

Sagt mal, warum habt Ihr denn zur Zeit
miteinander so oft Streit?
Wisst Ihr denn wie es weitergeht,
wenn Ihr Euch nicht mehr versteht?
Solltet doch mal hinterfragen,
was das Streiten hat zu sagen,
und wo denn die Gründe liegen,
wenn jetzt so oft die Fetzen fliegen.
Seht Ihr denn die Dinge richtig?
Nehmt Ihr Euch nicht selbst zu wichtig?
Sind es nur Launen, wollt Ihr riskieren,
Euch gegenseitig zu verlieren?
Habt Ihr vielleicht zu viel erwartet,
als Ihr gemeinsam seid gestartet?
Seht, jedes Ding hat viele Seiten
und jede sieht ganz anders aus,
betrachtet sie von nah, von weitem:
Seht Ihr eine Hütte oder ein Haus?
Man kann sich irren, auch Fehler machen,
doch soll man sich nicht so sehr verkrachen,
Ihr lebt zusammen schon lang zu zweien,
drum solltet Ihr Euch auch wieder verzeihen.
So wichtig nehmt das alles nicht,
damit die Liebe nicht zerbricht.

Auf der Autobahn

Ein neues Auto! Du findest es toll!
Steigst glücklich ein, fühlst Dich so wohl!
Nun musst Du es testen, wie schnell mag es sein,
Dein flotter Flitzer im Sonnenschein?
Geschwindigkeitsgrenzen, die hältst Du ein,
willst schließlich kein Verkehrsraudi sein.
Im offenen Wagen mit wehenden Haaren
zeigst Du, was man kann auf der Autobahn.
Oh, Hauptverkehrszeit! Der erste Stau!
Jemand schimpft „blöder Heini",
es war die Stimme einer Frau,
und Du stehst lange im Stau!
Zwei Krankenwagen, die Polizei,
mit Sirenengeheul fahren sie schnell vorbei.
Nun warten. – Voller Ungeduld fragst Du Dich,
wer war hier schuld und was ist schuld?
Es ist so heiß und es geht nicht weiter!
Du steckst hier fest, das ist nicht heiter!
Eine Stunde vergeht, die zweite auch,
die gute Laune ist hin,
Du bekommst Kribbeln im Bauch.
Doch endlich bewegt sich ganz langsam die lange
blechern glitzernde Autoschlange.
Da siehst Du es nun – oh, mein Gott! –

das Unfallauto – nur noch Schrott! –
Die Insassen von diesem Wagen
haben Rot-Kreuz-Leute schon weggefahren.
Aber jetzt geht's ja etwas schneller voran!
Da bremst ganz plötzlich vor Dir der Mann.
Vollbremsung! – Du hast zu spät reagiert,
da ist es Dir nun selbst passiert!
Du fluchst ganz laut, glaubst es noch nicht,
doch Du hast ihn am hinteren Kotflügel erwischt.
Ganz leicht nur, nicht viel,
und wieder steht alles still.
Und wieder fragt jeder voll Ungeduld:
Wer ist denn jetzt schon wieder schuld?
Du ärgerst Dich, hast wieder Wut,
weißt, die Idee war gar nicht gut:
Wozu musstest Du spazierenfahren
zur Hauptverkehrszeit im neuen Wagen?

Am Stammtisch

Am Stammtisch sitzen vier Männer,
spielen Skat und trinken Bier,
es sind anständige Leute,
sind jeden Donnerstag hier.
Da öffnet sich leise die Türe,
herein tritt ein junger Mann,
schwarzhaarig, schwarzglühende Augen,
kein Deutscher, das sieht man ihm an.
Es drehen sich gleich alle Köpfe:
„Was will denn der hier drin?"
Der Mann möchte Rosen verkaufen,
vielleicht für ein wenig Gewinn.
Bescheiden macht er die Runde,
da fragt ihn vom Tisch irgendwer:
„He, sag mal, Kanacke, Du schwarzer,
wo kommste eijentlich her?"
„Ach so, ja, ach so, nee, det kenn ick nich,
da bin ick noch nich jewesen,
naja, jehört hat man ja schon-,
ick hab och wat drüber jelesen."
„Und nu, ja wat machste nu hier?
Ach so, vor de Folter biste geflohen?
Na denn zeig doch mal, wo hamse Dir denn da?"
„Ach so, ja so. Wat haste denn jelernt?

Wat, Du hast studiert? Wo denn, wat denn ...
zu weit entfernt? Und wer hat da regiert?"
„Nee, wir koofen hier nischt,
steck die Rosen man weg,
det Janze intrissiert uns eijentlich 'nen Dreck,
steck die Rosen man weg!"

In der Straßenbahn

18.00 Uhr, Berufsverkehr. Frankfurt/M.
Ich drängle mich noch hinein, nicht jeder schafft es heute.
Es riecht nach Rauch, Regenluft und Schweiß.
Kein Platz frei, stelle ich leicht gereizt und müde fest.
Die meisten Leute schauen gleichgültig
zum Fenster hinaus, einige dösen vor sich hin.
Glücklich, wer einen Sitzplatz ergattert hat.
Eine Frau im Pelz liest in einem Taschenbuch,
ein alter Mann die Bildzeitung.
Jemand drückt mir seine schwere Aktentasche
in die Kniekehle.
Ein paar Mädchen im Gang unterhalten sich laut
über verflossene Beziehungskisten – peinlich!
So etwas hätten wir früher nicht getan oder laut erzählt,
denkt sicher manch einer der Älteren im stillen.
Ein paar Jungen albern herum, reden, lachen laut,
schubsen sich auch gegenseitig von den Plätzen.
Handballtraining hatten sie, hört man heraus.
Sie sind noch voller Energie,
ihr lautes Benehmen scheint nicht zu stören,
vielleicht will man aber auch nicht
als verständnislos oder jugendfeindlich erscheinen
und ermahnt sie deshalb nicht.
Manch einer mag sie um diese Lebensfreude beneiden.

Eine Frau mit einem Kleinkind auf dem Arm steigt zu,
eine schwere Tasche in der Hand. Sie wirkt erschöpft.

Sie kann sich nicht festhalten in der schwankenden Bahn
und schaut sich suchend um,

aber da ist kein freier Platz.

Niemand beachtet sie. Wenn ich einen Platz hätte ...

Doch da plötzlich von weiter hinten steht ein Mann auf.

Dunkelhäutig und weißhaarig.

Ein Afrikaner oder Amerikaner.

Er bietet der Frau seinen Platz an.

Es dauert eine Weile,

bis sie sich dahin durchgedrängelt hat.

Er nimmt ihr die schwere Tasche ab,

bis sie sich setzen kann.

Sie dankt ihm, aber man sieht ihr an, es ist ihr peinlich.

Da sagt plötzlich jemand laut:

„Soweit muss es kommen, dass ein Neger

einer weißen Frau seinen Platz anbietet,

während unsere Jugend nicht mehr weiß,

was sich gehört."

Und dann fallen viele ein, besonders die älteren Herren,

in die Diskussion

um die heutige so verkommene Jugend.

Nur eine Frau meint,

dass sie doch nicht alle so schlimm seien.

Und es hätte doch auch einer der Herren aufstehen können.

Die Jungen werden ganz still, sie sind betroffen,
fühlen sich plötzlich von allen Seiten angegriffen.
Einige steigen an der nächsten Station aus,
und es wird wieder still.
Es ist eine feige, verlogene Stille,
nicht jeder, der eine Meinung hat, sagt sie laut.
Und dann steigt ein älteres Ehepaar ein,
die Frau mit Kopftuch, Türken wahrscheinlich.
Der Mann geht voraus, er setzt sich,
die Frau bleibt in seiner Nähe stehen.
Es ist nur noch ganz hinten frei.
Da springt einer der Jungen auf und bietet
der Frau seinen Platz an.
Sie zögert, setzt sich aber doch
und bedankt sich, indem sie mit dem Kopf nickt.
Jemand ruft „Bravo" und klatscht in die Hände.
Andere folgen.
Peinlich, diese eben noch provozierte
Selbstverständlichkeit auf diese Weise zu honorieren.
Die Türkin schaut sich irritiert um,
ihr Mann guckt grimmig.
Er gibt ihr Zeichen,
an der nächsten Haltestelle auszusteigen.
Auch der Junge steigt aus. Ich sehe, wie die drei
auf dem Bahnsteig stehen und wahrscheinlich
auf die nächste Straßenbahn warten.

Sei nicht unzufrieden mit Dir

Du schaust in den Spiegel,
sei nicht unzufrieden mit Dir,
Kind,
Zufallsprodukt natürlicher Zeugung,
wir konnten Dich nicht erfinden,
Kind,
unnachahmlich einmaliges,
mach uns nicht verantwortlich,
Kind,
nicht manipuliertes, vielleicht fehlerhaftes,
die Zeit war nicht reif,
Kind,
für die Zeugung im Labor
nach einem Vorbild,
Kind,
das unserem nicht gleicht.
Wir würden uns nicht wiederfinden,
Kind,
in Dir, und Generationen wären für immer verloren,
wenn Du nicht das wärst,
Kind,
liebenswertes, gut geratenes, unverwechselbares,
das Du jetzt bist!

Lebenslänglich

Er war lang schon bekannt, der Junge in Jeans
mit den struppigen, roten Haaren,
sie nannten ihn „Kalle" und zogen den Colt,
wenn sie hinter ihm her waren.

Er galt als gefährlich, doch er war noch ein Kind,
das vom Leben immer betrogen,
er hatte gestohlen und Leute beraubt,
auch die Mutter manchmal belogen.

Und sie fassten ihn wieder, doch diesmal war's Mord,
Mutters Leugnen konnt' ihn nicht schützen.
Er hatt's nicht gewollt, doch sie brachten ihn fort,
Mutters Bitten konnten nichts nützen.

Viel brave Leut' starrten ihn an im Gericht,
das konnten sie nicht verstehen:
Es war nie viel Geld da, und den Vater kannte er nicht –
es soll doch vielen so gehen.

Und die Mutter, die es immer nur gutgemeint,
sie liebte den Sohn so sehr,
schon wenn er als kleiner Junge geweint,
lief sie sofort zu ihm her.

Als er dann größer geworden war,
hatte sie nicht mehr die Kraft,
ihn zurückzuhalten von der Gefahr,
in die er sich so oft gebracht.

Und als das Urteil gesprochen war, – wer war schuld? –
da sah er ihr nicht ins Gesicht –
„lebenslänglich" hieß es, – und allen war's klar,
nur die Mutter verstand es nicht.

Ich denk' an Dich im warmen Sommerregen

Ich denk' an Dich
im warmen Sommerregen
und an den Duft der Blüten,
die sich im Wind bewegen.

Als würden Flügel sich
um meine Schultern legen,
so fühl' ich Deine Liebe
im warmen Sommerregen.

Die Liebe kann nicht dauern,
weil sie wie der Sommer vergeht,
weil Wind und Hagelschauer
die zarten Blüten verweht.

Lass uns noch einen Sommer
durch die Wiesen geh'n,
dem Lied der Lerchen lauschen,
bevor die Blüten verweh'n.

Sind die Tage voller Arbeit

Sind die Tage voller Arbeit,
manchmal auch voll vieler Mühen,
lass ich abends die Gedanken
weit in weite Fernen ziehen.

Fliegen über Kontinente,
über Meere, Wüstensand,
Grüße sollen sie Dir bringen
aus dem kalten, grauen Land.

Aus dem Lande meiner Väter,
das ich niemals gut gekannt,
wo ich nach so vielen Jahren
eine neue Heimat fand.

Denk an Dich, an Deine Stube,
an die Welt, in der Du lebst,
wo Du schon als kleiner Bube
ganz zu Haus gewesen bist.

Seh Dich auf dem Sofa sitzen,
müde bist Du und allein,
möchte Deine Hände halten
und an Deiner Seite sein.

Du hast mir Rosen geschickt

Du hast mir Rosen geschickt –
einen großen Strauß –
bin wie gelähmt vor Schreck,
weiß doch, es ist aus.

Was sollen die Rosen,
die herrlichen hier,
ich möcht´ sie zertreten,
doch sie können nichts dafür.

Was für Gefühle
zerreißen die Brust?
Dass Du mich noch liebst,
hab ich immer gewusst.

Liebe und Hass
miteinander verbunden,
keine Enttäuschung
wird jemals verwunden.

Es bereiten die Rosen,
die roten, nur Pein,
wo Lieb' ging verloren,
kann Freude nicht sein.

Nur fort, ohne Abschied,
das hatt' ich im Sinn,
woher weißt Du nur,
wo ich jetzt bin?

Ein böser Traum

Ein böser Traum
hat mich geweckt,
hat mich erschreckt.
Er steht im Raum
zwischen Dir und mir,
erfüllt die Nacht,
und halb erwacht,
seh ich Dich geh'n.
Wer ist bei Dir?
Bin angstverwirrt,
hab ich geirrt?
Du bleibst so stumm,
drehst Dich nicht um.
So bleib doch steh'n !

Du, nur Du

Du bist weg -
hast mich nichts gefragt
hast mir nichts gesagt
Du warst ja so in Eile
Du musst pünktlich sein
Es war keine Zeit mehr
Es muss alles stimmen
Es ist alles ganz wichtig
Du darfst nichts vergessen
Du musst gut vorbereitet sein
Du bist der Mittelpunkt des Ganzen
Du musst ja alles ganz allein machen
Du kannst eben alles am besten
Du bist der Allerzuverlässigste
Du bist der Größte, der Wichtigste, der Beste
Du bist immer der Erste und der Letzte
Du hast es ja so schwer
Du, nur Du, nur Du
nur ich kenne Dich besser:
weiß, wie unsicher Du bist,
weiß, wie einsam Du bist.
Aber das werde ich Dir nicht sagen,
werde Deine Selbstherrlichkeit ertragen,
weil Du bei mir so klein bist.

Ich glaube

Ich glaube,
Du kannst mir nicht ins Herz sehen,
meinen Sinn nicht verstehen,
meine Liebe nicht erkennen,
willst nie die Dinge beim Namen nennen.

Ich glaube,
Du kannst in den Augen nicht lesen,
nicht erfühlen ein anderes Wesen,
Du kehrst das Außen noch nach innen,
weiß nicht, was soll ich mit Dir beginnen?

Ein kleines Licht

Er brüllt sie an
mit lauter Stimme,
da kommt sie gar nicht
gegen an.
Doch sie hat recht,
das ist das Schlimme
für ihn als Mann.
Es fällt ihm schwer,
das zuzugeben,
die Frage stellt sich
für ihn nicht.
Sie muss mit ihm
zusammen leben,
drum schweigt sie still
und denkt:
„Du kleines Licht.“

Wenn im Frühling die Kirschbäume blühen

Wenn im Frühling die Kirschbäume blühen,
wenn Störche ihre Nester beziehen,
denk ich an Dich.
Dunkle Wellen, schwankendes Boot -
Gewitter zieht auf – ahnend den Tod.
Da fragtest Du mich:
„Tauschst Du Deine Bluse ein
gegen mein schwarzes Hemd?"
Ich sagte:" Nein".
Der Gedanke war
mir unangenehm und fremd.
Und wieder und wieder fragtest Du mich:
„Lass uns doch tauschen!
Warum tauschen wir nicht?"
Doch ich wollte es nicht,
das Hemd, das schwarze, anziehen,
auch nicht mal anpassen.
So tauschten wir nicht.

Bald danach hast Du diese Welt
für immer verlassen.
Drum denk´ ich an Dich.

Habe eine Frau gesehen

Habe eine Frau gesehen,
war noch jung und auch sehr schön.
Nur ihr Mund, der war schon alt,
und die Augen blickten kalt.

Leere im Herzen, freudlos der Sinn,
so lebt sie lange schon dahin,
denn sie hat einen Mann erkoren,
der im Innern eingefroren.

Fragt man, was sie von ihm hat:
Er hat eine schöne Seele,
dass es dieser an nichts fehle,
bügelt sie die eigene glatt.

Habe manchmal Angst

Habe manchmal Angst,
etwas Wahres zu sagen, es kränkt Dich.

Habe manchmal Angst,
etwas Kluges zu sagen, es ärgert Dich.

Habe manchmal Angst,
etwas Liebes zu sagen, es bindet mich.

Spaß und Unterhaltung bietet der Zirkus
immer wieder für Groß und Klein.
Bewundernd schaut man auf den Dompteur,
vertrauensvoll legt er seinen Kopf in des Löwen Maul.
Beeindruckend besonders auch
die riesigen tanzenden Elefanten
und die großartigen Pferdedressuren.
Wir halten den Atem an
bei den waghalsigen Darbietungen
der Seiltänzer und Trapezkünstler,
Jongleure und Zauberkünstler lassen uns staunen
über deren Können und Geschicklichkeit.
Und dann kommt der Clown,
er sieht lustig aus – oder nicht?
Nein, eher lächerlich in seinen viel zu weiten Hosen
und den viel zu großen Schuhen,
die Nase ist rot und knollig,
seine Späße sind dümmlich und grob.
Wir wissen natürlich, in dieser komischen Figur
steckt ein intelligenter, begabter Künstler.
So macht er Späße und bringt die Leute zum Lachen.
Heutzutage ist es meist ein einfältiger Clown,
ein dummer August.
Er spielt auf der Ziehharmonika – es klingt grauslich.

Er steigt auf einen Stuhl,

der Stuhl bricht zusammen.

Weil er so klein ist, möchte er ein Treppchen besteigen,

er fällt herunter –

er will einen Koffer wegtragen,

aber der geht auf

und die Sachen fallen heraus.

Er fällt über den Teppich

oder über seine eigenen Beine.

Dann versucht er, auf Stelzen zu laufen,

auch das misslingt, er fällt hinunter.

Immer wieder fällt er und immer wieder steht er auf,

lachend meist, oder nur leise vor sich hin jammernd.

Was er in die Hand nimmt,

es funktioniert nicht oder geht kaputt.

Scheinbar fröhlich

beginnt er immer wieder von vorn.

Nichts scheint ihm zu gelingen.

Man sieht ihm an, dass er darüber traurig ist,

aber nicht lange und er lacht wieder.

Eigentlich müsste er doch verzweifeln,

hoffnungslos deprimiert aufgeben, aber er lacht –

er lacht seinem Schicksal ins Gesicht.

Ist er nur ein dummer Tölpel?

Die Leute amüsieren sich köstlich,

aber manch einer mag sich fragen,

ob er nicht auch selbst schon mal
durch eigenes Verschulden
auf die Nase gefallen ist.
Wichtig ist eben nur, dass man immer wieder
aufsteht und den Humor nicht verliert.
Deshalb ist der Clown
eine so schöne Figur im Zirkus.

Das Männlein mit der Geige

„Willste 'ne Stulle?", fragt eine junge Frau.
Er schüttelt den Kopf.
Der Mann mit der Geige, der die Stulle nicht will,
ist eher ein Männlein, klein, mager, unscheinbar.
Die Frau gehört zu den jungen Leuten,
die da herumlungern, nicht weit vom Bahnhof Zoo,
auf Treppenstufen sitzen oder auf Bordsteinkanten.
„Die Szene", sagt man, Obdachlose, Arbeitslose,
Ausgegrenzte, Drogenabhängige.
Und man sieht es ihnen an.
Bierflaschen und Abfall liegen herum,
und es scheint sie nicht zu kümmern,
wenn Passanten einen großen Bogen
um sie herum machen oder einfach wegsehen.
Aber heute ist alles anders. Die Sonne scheint!
Die jungen Leute halten ihr Gesicht in die Sonne,
mancher raucht genüsslich seinen Joint.
Heitere Stimmung liegt über der Szene.
Und dann ist da das Männlein mit der Geige,
mitten unter ihnen,
und er bringt mit diesem Instrument
Klänge hervor, so wundersam und
wie nicht von dieser Welt – Musik,
wie sie manch einer der jungen Leute

noch nie gehört hat. Viele lauschen andächtig.
Da bleiben auch Passanten stehen –
das ist Musik voller Dramatik und Leidenschaft.
„Aus Salome", sagt jemand,
„der Tanz der sieben Schleier".
Niemand widerspricht, vielleicht stimmt es sogar.
Es ist ja auch egal, nur wenige kennen die Oper.
Ab und zu wirft jemand ein Markstück
in die Mütze am Boden.
Das Männlein scheint es nicht zu bemerken,
es ist völlig eins mit seiner Musik und nur
für kurze Pausen senkt sich der Geigenbogen.
Neben der Mütze liegt ein Schild am Boden:
„Bitte um eine kleine Spende. Bin arbeitslos.
War Mitglied des Bolschoi-Orchesters Moskau."
Ungläubig schüttelt manch einer den Kopf.
Kann man einem Straßenmusikanten
so etwas glauben?

Meine schöne Madonna

Gelangweilt schlendre ich über den Trödelmarkt,
die Taschen sind leer wie mein Magen –
was soll man mit all den nutzlosen Dingen anfangen?
Wertvolles findet man selten, und Antikes ist unbezahlbar.
Wenn man mich fragte, was ich hier will,
wüsste ich keine Antwort zu geben.
Aber sie ziehen mich magisch an, die Trödelmärkte,
für mich geht ein besonderer Zauber von ihnen aus.
Da tauche ich ein in die Jahrhunderte
vergangener Zeiten.
Und wie ich so dahergehe,
entdecke ich in einer Ecke – wie achtlos weggeworfen –
eine Holzschnitzarbeit, eine Madonna,
aus weichem, hellen Holz geschnitzt.
Ein Kunstwerk ist es.
Ich bin fasziniert von der edlen Gestalt,
wie sie schöner und reiner und erhabener
nicht sein könnte.
Ich wage nicht, sie aufzuheben, sie zu berühren.
Da bemerkt der Trödler mein Interesse –
mit schmutzigen Händen fasst er sie an –
was für ein Frevel! –
und reicht sie mir, als wäre sie nichts Besonderes.
Ich bin beeindruckt, ja gefesselt

von der schönen Gestalt,
sie ist für mich in diesem Augenblick heilig,
die Mutter mit dem Jesuskind im Arm.
So lieblich, so jung und ebenmäßig das Gesicht,
der Körper umhüllt
von weich fließenden Gewändern,
liebevoll blickt sie auf das Kind,
den Sohn, den Heiland.
Ich kann mich nicht sattsehen.
Wer mag der Künstler sein,
der dieses wundervolle Kunstwerk geschaffen hat?
Welche Ausstrahlung,
welchen Einfluss hat es auf mein Gemüt?
Wenn ich nur Geld hätte –
den Gedanken mag ich
nicht zu Ende denken,
unbezahlbar wird es sein!
Traurig, mit größtem Bedauern
will ich dem Trödler endlich die Figur zurückgeben.
Der sieht mich erstaunt an –
sie soll nur ein paar Schillinge kosten,
ja, er reduziert noch den Preis.
Ich bin erschrocken, das kann doch nicht sein!
Ich bin fast empört.
Aber der Trödler lächelt, er lächelt mich an
auf eine unangenehme Weise

und winkt verächtlich ab,
als ginge es nicht um Geld.
Er wickelt sie achtlos in Zeitungspapier
und gibt sie mir.
Mein Herz klopft vor Freude und vor Empörung.
Aber nun ist sie mein,
ganz allein mein, und ich eile nach Hause.
Welchen Platz soll sie einnehmen,
überlege ich auf dem Heimweg.
Es muss ein würdiger Platz sein,
mitten im Zimmer,
auf einem Podest, erhöht, allen sichtbar.
Ihre Schönheit soll den ganzen Raum erfüllen!.
Zu Hause angekommen, entferne ich vorsichtig
das Zeitungspapier und stelle sie auf den Tisch.
Stolz überkommt mich und große Freude,
wer kann schon ein solches Kunstwerk
sein eigen nennen?
Indem ich noch überlege, wohin ich sie stelle,
meine Madonna,
die schöne, reine, herrliche Madonna,
beschleicht mich plötzlich,
ganz langsam, aber immer stärker werdend
ein unbehagliches Gefühl.
Ein Gefühl der Kälte breitet sich aus,
ich weiß nicht, woher es kommt,

und es schaudert mich ein wenig.

Es geht etwas im Raum vor,
was ich mir nicht erklären kann.

Etwas zwingt mich,
Distanz zu nehmen zu meiner Figur.

Die Figur! Sie hält mich zurück,
sie zwingt mich, sie anzusehen.

Und ich starre sie an, wie gebannt starre ich sie an!

Und dann ist mir, als sähe sie mich an.

Ja, sie sieht mich an, ganz direkt.

Und sie lächelt, sie lächelt mich an!

Ich versuche, tief durchzuatmen,
aber was ist das für ein Lächeln?

Ich begreife nichts. Und dann sehe ich es:
Der Mund ist schief!

Ein Mundwinkel ist nach unten gezogen.

Sie hat einen schiefen Mund,
ein schiefes Lächeln! Sehr ironisch sieht es aus,
schadenfroh wirkt es und hämisch, fast böse.

Ich habe ein Gefühl,
als würden sich mir die Haare sträuben.

Rational, wie ich sonst bin,
glaube ich nicht an Zauberei.

Aber um keiner Täuschung zu unterliegen,
verlasse ich den Raum
und stelle erleichtert fest: Sie folgt mir nicht.

Ich beobachte sie eine Weile vom anderen Zimmer aus.
Sie steht still auf dem Tisch und regt sich nicht.
Eine Holzfigur von schöner Gestalt,
hat mich so geblendet,
dass ich den Schnitzfehler am Mund übersah.
Ein grober Schnitzfehler des Künstlers, sonst nichts!
Ich verstehe nicht,
wie ich ihn nicht bemerken konnte.
Meine Enttäuschung ist groß,
und mir ist, als habe die Figur mir persönlich
ein Schnippchen geschlagen, mich hereingelegt.
So gehe ich beherzt auf sie zu, packe sie fest
und wickle sie in das alte Zeitungspapier.
Irgendwie habe ich erwartet, dass sie sich wehrt,
aber sie rührt sich nicht.
Zum Trödelmarkt zurück will ich sie bringen,
will sie dem Trödler zurückgeben,
aber der ist nicht mehr da,
ein anderer steht an dem Platz.
So soll ich sie wohl behalten, meine Madonna.
Aber ich will sie nicht mehr sehen
und sie soll mich nicht mehr anlächeln!
Sie steht nun, in Zeitungspapier gewickelt,
in der dunkelsten Ecke meines Kellers
und ich bin mir nicht sicher,
wen von uns beiden ich damit mehr bestrafe.

Funken fliegen durch die Nacht

Funken fliegen durch die Nacht.
Die Dampflok pfeift, ich bin erwacht.
Ein pfeifender Ton – nächste Station!
Langeweile, leere Abteile,
das Licht zu grell, Holzbänke hell,
bekritzelt in Eile mit Herzchen und Pfeilen,
erinnern an Jugend, Verliebtheit und Lust.
Halt! Station! Jemand steigt ein.
Bin nicht mehr allein.
Mir gegenüber setzt sich der Mann.
Wie unangenehm, er grinst mich an.
Ich schaue weg. Wohin mit dem Blick?
Mir ist schon ganz bang,
und die Zeit wird so lang.
Und er grinst mich so an,
dieser unheimliche Mann.
Weil er so schaut,
klopft mein Herz schon ganz laut.
Aber Angst zeigen möchte ich nicht,
drum schau ich ihm nun ganz frech
in sein grinsendes Gesicht.
Eigentlich sieht er ja ganz fröhlich aus.
Und da schießt es plötzlich aus ihm heraus:
„Bin ein wenig vom Bier benommen,

meine Frau hat heute einen Sohn bekommen.
Zwei Mädchen haben wir ja schon,
darum freue ich mich so über den Sohn.
Vor einer Stunde bekam ich die Nachricht
gerade hinein in meine Nachtschicht."
Wie erleichtert bin ich,
und natürlich gratulier ich
dem glücklichen Vater und Ehemann,
der sich über sein Kind so freuen kann.
Da wieder der pfeifende Ton –
nächste Station!
Er steigt aus – ist hier zu Haus.
Bin wieder allein, nur mit mir,
in der Nacht, im öden Abteil –
und ohne das Grinsen.

Weg zur Arbeit

Weit ist der Weg im Winter
auf der kahlen Landstraße
im hohen Norden
bei minus zwanzig Grad
die Kälte beißt im Gesicht
Augen tränen
an den Wimpern hängen Eisperlen
Atem steht dampfend
und gefrierend in der Luft
er schmerzt in der Brust
hart treffen Schneeflocken
auf meine Wangen
durch die dürren Äste
der Straßenbäume
pfeift der Wind
ich spüre ihn bis auf die Haut
er will mich von der Straße
in den tiefen Schnee drücken
ich stemme mich dagegen
ich kämpfe mühsam um jeden Schritt
ich liebe diesen Kampf
jeden Tag messe ich
aufs Neue meine Kraft.
Wenn ich angekommen bin, habe ich gesiegt

Die Stadt unter mir

In den Bergen
grau-gelb flimmernde Hitze,
schwarze Wolken, grelle Blitze
unter mir

Gewaltig wütet das Gewitter,
Donner grollt zu mir herauf,
verbirgt den Blick auf die Stadt
unter mir

Staubig-trockene Luft nimmt den Atem,
wie erfrischend wäre ein Guss –
doch die Wolken entladen sich
und ertränken die Stadt
unter mir

In einer Mülltonne

In einer Mülltonne
fand ich ein Kätzchen,
ganz klein, fast nackt,
es miaute kläglich.
Ich nahm es vorsichtig heraus,
wickelte es in mein Taschentuch,
wärmte es in meiner Hand.
Es schlief ein.
Im Hause suchte ich
ein Fläschchen,
füllte es mit dünner Milch.
Ich fragte den Tierarzt,
wie ich das kleine Wesen
am Leben erhalten könne.
Es gelang mir.
Es wurde größer und kräftiger,
es bekam ein Fellchen,
schwarzglänzend und seidenweich.
Es springt nun umher,
spielt mit dem Wollknäuel,
zerbeißt meine Hausschuhe,
zerkratzt meine Möbel,
ich bin ihm nicht böse,
es ist eine freche Katze geworden.

Sie verlangt pünktlich ihr Essen,
Sie beißt und kratzt,
sie faucht und schlägt nach mir
mit der Pfote. Und sie bestimmt,
wann ich sie streicheln darf.
Manchmal frage ich mich,
sollte sie mir nicht ein wenig
dankbar dafür sein,
dass ich ihr das Leben gerettet habe?

Nante

Er sträubte das Fell, fauchend ging er
mit erhobenem Schwanz,
einen Buckel machend,
auf jeden Fremden los,
der ihm im engen Hausflur begegnete.
Gefürchtet und verhasst
war unser Kater Ferdinand.
„Den schlagen wir noch mal tot!",
sagten die Nachbarn.
Er war der Vater aller
jungen Kätzchen in der Umgebung,
er fraß die Triebe ab
von den jungen Pflanzen
vor dem Blumenladen.
Nur in der Wohnung benahm
er sich zivilisiert.
Er fraß aus einem Napf
mit dem Zwergrehpinscher,
teilte die Nahrung gerecht,
stahl auch mal Wurst oder Fleisch
vom Tisch und brachte es
dem Hund, seinem Freund.
Als er sich einmal im Sommer
auf der alten, brüchigen Markise sonnte,

unter der die Gemüsefrau
ihren wackligen Tisch
mit Obst und Kohlköpfen beladen hatte,
fiel er durch, direkt auf den Tisch,
der kippte um, Pflaumen und Äpfel
rollten in den Rinnstein.
Die Gemüsefrau schrie laut auf
und verfluchte unseren bösen Kater.
Der wusste wohl, was er angestellt hatte
und war mit einem Satz
um die nächste Ecke verschwunden.
Am nächsten Morgen legte er
der Gemüsefrau als Wiedergutmachung
eine tote Ratte vor die Tür.
Seitdem ist er nicht mehr gesehen worden.

Hundetreue

Elf Jahre lang hat Hasso, der Schäferhund,
bedingungslos seinem Herrn aufs Wort gehorcht,
elf Jahre lang war er an seines Herren Seite bei Fuß,
wenn der Befehl so lautete.
Nun folgt er der Frau,
die nicht seine Herrin sein kann, zum Friedhof,
wo unter Blumen und Erde sein Herr begraben liegt.
Er trägt den Blumenstrauß in der Schnauze,
und schüttelt sich, bevor er ihn
nicht sehr behutsam vor das Grab legt.
Dann legt er sich daneben,
den Kopf auf die Vorderpfoten gestreckt.
Hasso läuft jeden Tag zum Friedhof,
nur wenn er hungrig ist, kommt er nach Hause.
Er stiehlt auch mal die Blumen von nebenan
und legt sie seinem Herrn aufs Grab.
Die Leute sind darüber nicht erfreut
und beschweren sich. Sie fürchten sich auch vor ihm,
denn er läßt niemanden in die Nähe seines Herren.
Dann knurrt er und fletscht die Zähne.

Jeden Tag weitet er seinen „Aufsichtsbereich" aus,
so dass die Besucher der Nachbargräber
nicht mehr an ihre Grabstätten herankommen.
Aber mit Hasso kann man nicht darüber reden.
So musste man ihn, als er wieder einmal
nur zum Essen nach Hause kam, anketten.
Er liegt nun traurig vor seiner Hütte
und verweigert das Essen.

Habe vier Pflänzlein

Habe vier Pflänzlein
in meinem Garten,
ob sie gedeihen,
muss ich abwarten.
Ich will sie hegen
und immer pflegen,
dass sie nicht kranken,
im Winde nicht wanken,
im Winter nicht frieren,
kein Blättlein verlieren.
Darauf will ich schauen,
darauf können sie bauen,
ich will sie nur ansehen,
sie sind so schön.
Was ist das im Garten
für eine Pracht!
Sie haben neue Triebe
hervorgebracht.
Da öffnen sich Blüten
mehr und mehr,
ich gebe keine von ihnen her.

Wie das Übel zu den Menschen kam

Prometheus, ein Enkel des Uranus,
des ältesten Göttergeschlechts,
hatte seinen Menschen das Feuer gebracht,
das war dem Zeus nicht recht.

Prometheus hatte mit Hinterlist
den Zeus auch blamiert und betrogen,
das hat den allwissenden Göttervater
zu neuer Rache bewogen.

Der Feuergott Hephäst musste ihm nun
eine liebliche Jungfrau erschaffen.
Pandora, die Allbeschenkte, ward sie genannt,
sie sollte Prometheus bestrafen.

Sie trug ein Gefäß in ihrer Hand,
in dem die Geschenke enthalten,
die die Götter den Menschen gesandt,
das waren üble Gestalten.

Als Pandora den Deckel des Gefäßes anhob,
entflohen sie schnell aus dem Krug,
verteilten sich unter das Menschengeschlecht,
Da merkte man gleich den Betrug.

Es waren die Krankheiten und das Leid,
harte Arbeit, das Elend, die Sorgen,
nur die Hoffnung hatte sich noch
in dem Kruge verborgen.

Sie haben keine Stimme und schleichen sich
heimlich ein in Häuser und Hütten,
Krankheit und Tod befallen nun
die Menschen mit schnelleren Schritten.

Doch auch die Hoffnung entschlüpfte dem Krug
und ist in die Welt gegangen,
und wenn niemand sie einfangen kann,
wird sie zu den Menschen gelangen.

Nur ihre Beine sind kurz und die Flügel so klein,
sie kommt nur langsam voran,
so braucht die Hoffnung noch viel Zeit,
bis sie alle Menschen erreichen kann.

Als vor mehr als 50 Jahren

Als vor mehr als fünfzig Jahren
unsere Haare noch nicht grau waren,
ahnten wir doch nicht bei weitem,
wie sich verändern könnten die Zeiten.
Wir hatten kein Auto, kein Telefon,
keine Waschmaschine, kein Television.
Wir mussten noch auf die Eltern hören,
durften mit lauter Musik nicht stören.
Wir bekamen noch kein Taschengeld
für Arbeit im Haus oder auf dem Feld.
Wir hatten selten genug zu essen,
Brotscheiben wurden nach Zentimetern gemessen.
Wir haben den Krieg noch miterlebt,
wo manchmal von Bomben der Keller gebebt.
Schutt und Asche lag dann auf den Straßen,
Tausende mussten Haus und Hof verlassen,
waren ausgebombt oder vertrieben,
Männer, Väter und Söhne im Kriege geblieben.
Wir kannten Sprengbomben und Kanonen,
Panzergranaten und Platzpatronen,
Heimkehrer, Landser, Besatzungsmacht,
den Hitlergruß, die Deutsche Wehrmacht,
SA, SS und Stiefelknallen
nächtens durch die Straßen hallen,

Hakenkreuz und „Siegheil"- schreien,
„Das Land im Osten ist zu befreien!",
„Juden raus!" und „Kohlenklau",
heimliches Schlachten einer Sau,
Stromsperre, Lebensmittelkarten,
in langen Schlangen vorm Bäckerladen warten,
Luftschutzkeller, Infanterie –
diese Dinge vergessen wir nie!
Als Frieden war, da war es schön,
wir konnten mal ruhig schlafen gehen.
Wir haben enttrümmer und aufgebaut,
auf Deutschland heute die ganze Welt schaut.
„Nie wieder Krieg!", sagten wir damals,
doch indessen haben manche
den Krieg und die Folgen vergessen.
Manch einer redet heute so dumm daher,
als ob Frieden und Wohlstand selbstverständlich wär.

Ganz tief im Walde steht ein Baum

der hatte einen schönen Traum:
Er träumt' er hätte viele Äste,
auf denen wohnten seine Gäste.
Er träumt' von Käfern und Libellen,
von Vöglein, die sich zugesellen,
von Raupen, Larven, Wanzen,
und alle begannen zu tanzen.
Sie zirpten, zwitscherten, piepsten,
vor lauter Freude fiepsten
und sangen sie miteinander,
denn keiner fraß mehr den andern.
Sie alle wollten Harmonie
wie eine große Family.
Sie hatten sich entschieden
für einen langen Frieden.
Doch dann haben besonders die großen
Tiere gegen alle Regeln verstoßen,
haben die Abmachungen einfach vergessen
und wieder die kleineren aufgefressen.
Des Baumes Traum zu Ende war,
denn alles war wie im vorigen Jahr:
die Vögel fraßen die Insekten,
die sich unter Blättern und Rinden versteckten,
und diese fraßen die Blätter vom Baum.
So blieb der Friede nur ein Traum.

Es geht mir gut

Es geht mir gut
Ich komme durch
Ich liege in der Sonne
Ich habe mich abgesichert

Ich bin nicht betroffen
Ich mische mich nicht ein
Es geht mich nichts an
Es tut mir ja auch leid
Es interessiert mich nicht
Ich verstehe nichts davon
Ich habe nichts damit zu tun

Ich weiß nicht, warum
die Alte von nebenan
sich in alles einmischt
die ist doch schon 70
und rennt immer noch
zu jeder Demonstration
und hilft jeden Tag
auf der Sozialstation

Wir sollten nicht alles haben dürfen

Wir sollten wie die Kinder
nicht alles haben dürfen,
was wir bekommen können,
nicht alles tun dürfen,
was wir tun können,
nicht alles ergreifen dürfen,
was uns angeboten wird
und nicht alles zerstören dürfen,
was uns überflüssig erscheint.

Denn wir können wie die Kinder
nur schwer die Folgen
unseres Tuns voraussehen
und werden doch nie so erwachsen sein,
dass wir freiwillig auf uns nehmen,
was uns dann zugemutet werden könnte.

Kein Normalzustand

Weil ich kein Land kenne,
in dem immer Gerechtigkeit geübt wird,
in dem Regierende nicht korrupt sind,
in dem niemand verfolgt wird,
ist das noch lange kein Normalzustand.

Weil ich kein Land kenne,
in dem alle Kinder lachen können,
in dem jeder ein Dach über dem Kopf hat,
in dem niemand zu Tode gehetzt wird,
ist das noch lange kein Normalzustand.

Denken strengt an

Denken strengt an
sagt der Mann
wenn er es nicht kann

Denken ist schwer
das lern' ich nicht mehr
so bleibt der Kopf leer

Man braucht nicht zu denken
wenn andere lenken
des Lebens Geschick

Drum lassen sie denken
und damit verschenken
sie ihr Gewehr

Wo ich geboren bin

Wo ich geboren bin,
da zieht's mich immer hin –
war das die Heimat?

Wo ich so fröhlich war
so manches Kinderjahr –
war das die Heimat?

Wo ich die Liebe fand
in einem anderen Land –
war das die Heimat?

Wo Meere, Wüstenwind
oder die Berge sind –
ist das die Heimat?

Will immer da hin gehen,
wo Freunde mich verstehen –
da finde ich Heimat.

Flüchtlinge

Musste Haus und Hof verlassen,
ziehen in eine fremde Welt,
irre ziellos durch die Gassen,
bettle um ein bisschen Geld.
Hab mein kleines Kind im Arm,
in dem Tuch, so halt ich's warm,
hab das größere an der Hand,
bin so fremd im fremden Land.
Kenne Leute nicht und Sitten,
muss um's Überleben bitten.
Habe meinen Mann verloren
und den Sohn, den Erstgeborenen.
Ich hab Angst, fühl mich so klein,
ach, könnt' ich doch wieder zu Hause sein.

Ich hebe die Hand nicht zum Gruß

Sie marschieren wieder
im Gleichschritt wie damals,
er hob die Hand nicht zum Gruß.
Da schlugen sie ihn,
da traten sie ihn,
er hob die Hand nicht zum Gruß.

Sie marschieren wieder
im Gleichschritt wie damals,
meine Angst macht sie stark.
Sie werden mich schlagen,
sie werden mich treten,
ich hebe die Hand nicht zum Gruß.

Ein Engel zu sein
wär' ein schweres Geschick,
man kann doch sein Herz
nicht begraben.
Und stellt man auch
viele Wünsche zurück –
man kann ja
nicht alles haben –
mein Herz will ich
niemals begraben.

Wird das Leben Dir zur Plage

Wird das Leben Dir zur Plage,
entflieh der Enge Deiner Tage,
wirst bessere Zeiten vor Dir sehen.

Doch Du lebst ja nur vom Hoffen,
viele Wünsche bleiben offen,
die nie in Erfüllung gehen.

Du hast gelernt zu überdenken,
Dich andauernd zu beschränken,
wirst nie vor der großen Freiheit stehen.

Sieh die Sterne dort in der Ferne,
sie wecken die Sehnsucht nach Unendlichkeit,
sieh, wie sie funkeln da oben im Dunkeln,
Du möchtest sie greifen, doch sie sind zu weit.

Die Sehnsucht nach Ferne, nach Unendlichkeit
wird unser Leben immer begleiten,
sie treibt uns hinaus in die Welt so weit.

Schatten der Vergangenheit

Übermächtig tretet ihr
manchmal hervor,
unruhige Schatten
aus dunkler Vergangenheit,
schemenhaft, zögerlich erst,
fordernd und mutiger dann,
Gedanken einkreisend,
einengend die Brust mir
und den Atem nehmend.

Doch ihr ängstigt mich nicht,
ich verscheuche euch nicht,
ich muss euch zulassen,
euch manchmal auch rufen,
dunkle Gestalten und lichte,
lichte Gestalten und dunkle,
denn ich brauche euch,
von Zeit zu Zeit innezuhalten,
die Zeit anzuhalten,
euch festzuhalten
und mich eurer zu bedienen.

Grau liegt der Nebel über dem Feld

Grau liegt der Nebel über dem Feld,
grau erscheint Dir die ganze Welt.

Wehmut legt sich auf alle Sinne,
fragst, womit man den Tag beginne.

Doch über allen Nebelschwaden
flüchtige Geister im Sonnenlicht baden.

Wo Wolkenberge gespenstisch sich türmen,
trotzen sie den heftigsten Stürmen.

Siehst sie im Sonnenlicht gleißen und blinkern,
wenn sie als Tautröpfchen Dir freundlich zuzwinkern.

Goldstrahlen durchdringen das wattige Meer,
senden Wärme und Licht allem Lebenden her.

Über allem die Sonne hell glänzend steht,
und Du weißt, dass sie nicht untergeht.

Unentschlossenheit

Sie hält mich auf,
die Unentschlossenheit!
Nutze ich richtig
die kostbare Zeit?

Die Zeit hat viele Türen,
durch eine muss ich gehen,
weiß nie, wohin sie führen,
kann nicht dahinter sehen.

Möchte Zeit gern verträumen,
doch sie treibt mich voran.
Man darf doch nicht versäumen,
was man erreichen kann.

Drehst Dich nur in der Runde

Drehst Dich nur in der Runde.
Wir lang ist eine Stunde?
Ewig ist die Zeit.

Mal langsam und mal schnell
dreht sich Dein Karussell,
der Weg ist weit.

Auf bunten Pferdchen reiten,
wo viele Dich begleiten
im gleichen Trab.

Hör auf das Engelsingen
und wie die Glöckchen klingen,
fall nicht herab.

Und einmal steht es stille,
das macht ein höherer Wille,
dann steigst Du aus.

Ein anderer steigt schnell ein,
nimmt Deinen Platz gleich ein,
Du gehst nach Haus.

Im Kreis sich alles bewegt,
auf Dauer nichts festgelegt,
mach Dir nichts draus!

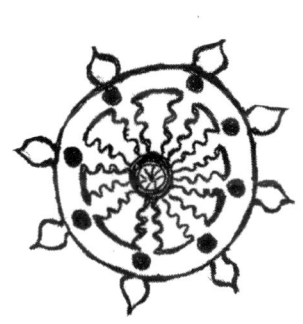

Warum

sagt der Mund
etwas anderes,
als der Kopf denkt,
die Augen sehen,
die Ohren hören wollen?
Der Fehler liegt
im Zeitgetriebe:
falsche Vorstellungen,
zu hohe Erwartungen,
große Hoffnungen,
schlechte Erfahrungen,
unerfüllte Wünsche
zu vorgerückter Stunde.
Angst, es könnte zu spät sein.
Die Worte aus dem Mund
sind leer,
sie können nichts ändern.

Es ist nie zu spät, *von vorn anzufangen,*
und wieder etwas für sich selbst zu verlangen.

Es ist nie zu spät, den Schmerz zu vergessen,
sondern statt dessen

die Gedanken auf etwas Schönes zu lenken,
Anderem mehr Aufmerksamkeit zu schenken.

Es ist nie zu spät, einen Freund zu befragen,
musst nicht alle Lasten alleine tragen.

Es ist nie zu spät, wieder herzhaft zu lachen
oder einem Kind eine Freude zu machen.

Es ist nie zu spät, eine Reise zu buchen,
nach schönen Dingen für Dich zu suchen.

Es ist nie zu spät, dem Meeresrauschen
oder einer guten Musik zu lauschen.

Es ist nie zu spät, eine Chance zu erfassen
und sich nicht länger treiben zu lassen.

Viele Dinge können Dein Leben erhellen,
darfst Dir nicht selber Beine stellen.

Wenn Du an Gott glaubst

Wenn Du an Gott glaubst,
bete zu ihm,
es gibt Gründe, es zu tun.
Wenn Du an Gott glaubst,
danke ihm,
es gibt Gründe, es zu tun.
Wenn Du an Gott glaubst,
kämpfe für ihn,
es gibt Gründe, es zu tun.

Gott ist ein Auftrag an uns alle

Mit Bitten und Beten wenden wir Menschen uns
an den allmächtigen, großen Gott, rufen ihn an
in der Not, hoffen auf seine Hilfe, suchen ihn
irgendwo da oben, da draußen.
Und nur selten erhalten wir das, was uns Trost
und Antwort auf unsere Fragen sein kann.
Er verbirgt sich vor unseren Augen,
denn nicht wissen sollen wir, sondern glauben.
Doch Gott ist ein Auftrag an uns alle,
in uns selbst verbirgt er sich.
Er sagt uns immer, was wir zu tun haben,
wenn wir auf seine Stimme hören, unser Gewissen.
Aber wir sündigen gegen uns selbst und gegen andere,
indem wir Gebote übertreten und Gesetze verletzen.
Wir erstreben das Paradies auf Erden und nehmen
das Wohlleben als selbstverständlich.
Indem wir alles für uns fordern, verstoßen wir gegen
diese Gesetze und zerstören mehr,
als wir erschaffen können.
Wir wehren uns gegen den mahnenden Schmerz
und rufen nach Gott, dem allmächtigen,
wenn wir uns klein und hilflos fühlen.
Aber er hört uns nicht, denn da draußen ist er nicht.
Unsere Wahrnehmung ist begrenzt, deshalb ahnen

wir nur die große, göttliche Kraft, die ewig wirkende,
die in allem steckt und die wir nicht immer sehen.
Wir hadern mit Gott, weil wir ihn nicht erkennen.
Wir machen unsere eigenen Gesetze und richten
nach Gut und Böse, wie wir es verstehen.
Und wir erwarten von Gott, dass er nach unseren
Maßstäben richtet. Aber das tut er nicht.
Deshalb glauben wir nicht und leugnen ihn sogar,
ihn, das schöpferische Prinzip, das in allem steckt,
das ewige Streben nach Vervollkommnung, nach
Vervielfältigung der Lebensformen,
in denen Andersartigkeit,
Krankheit und Tod eingeschlossen sind.
Dessen Gesetze müssen wir erkennen
und akzeptieren.
Die Verantwortung für unser Handeln
und unser Leben müssen wir selbst übernehmen,
indem wir das tun,
was wir von einem Schöpfer erwarten,
mit den Möglichkeiten, die jedem von uns gegeben sind,
wissend, in uns selbst steckt des Schöpfers Kraft.